14 décembre 1874

Exemplaire de Barre

VENTE

Du Lundi 14 Décembre 1874

HOTEL DROUOT, SALLE N° 1

COLLECTION DE M. ***

TABLEAUX

AQUARELLES, DESSINS

DE

L'ÉCOLE MODERNE

EXPOSITIONS

PARTICULIÈRE	PUBLIQUE
Le Samedi 12 Décembre 1874	Le Dimanche 13 Décembre 1874

COMMISSAIRE-PRISEUR	EXPERT
Me CHARLES OUDART	M. ÉMILE BARRE

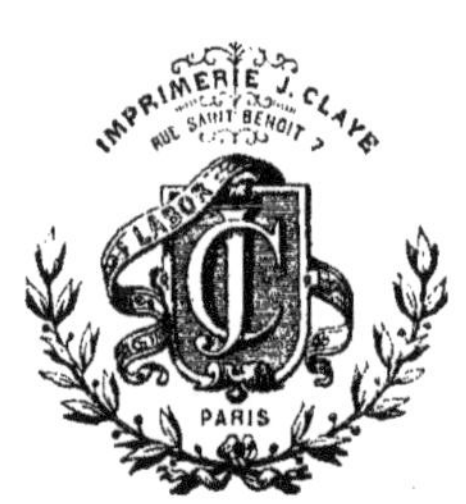
IMPRIMERIE J. CLAYE
RUE SAINT BENOIT 7
LABOR
PARIS

CATALOGUE

DE

TABLEAUX

AQUARELLES, DESSINS

DE

L'ÉCOLE MODERNE

MARBRES ET TERRES CUITES

PAR

CARRIER-BELLEUSE ET CARPEAUX

COMPOSANT LA COLLECTION DE M. ***

Dont la Vente aura lieu

HOTEL DROUOT, SALLE N° 1

Le Lundi 14 Décembre 1874

LE CATALOGUE SE TROUVE CHEZ

Me CHARLES OUDART	M. ÉMILE BARRE
COMMISSAIRE-PRISEUR	EXPERT
31, rue Le Peletier	20, Chaussée-d'Antin

EXPOSITIONS

PARTICULIÈRE	PUBLIQUE
Le Samedi 12 Décembre	Le Dimanche 13 Décembre

DE 1 HEURE 1/2 A 5 HEURES

CONDITIONS DE LA VENTE.

Elle sera faite au comptant.

Les acquéreurs payeront *cinq centimes par franc,* en sus des enchères, applicables aux frais.

L'Exposition mettant les Adjudicataires à même de se rendre compte de l'état et de la nature des objets, il ne sera admis aucune réclamation une fois l'adjudication prononcée.

TABLEAUX

DÉSIGNATION

TABLEAUX

ANASTASI.

1. — Paysage ; étude.

H., 0m,18. L., 0m,27

160

ARUS (R.).

2. — Ronde de cavaliers pendant le siége.

H., 0m,10. L., 0m,12.

AUBRY (A.).

3. — Le Bal Bullier.

H., 0m,18. L., 0m,55.

DE BEAUMONT (Édouard).

4. — La Lettre.

H., 0m,32. L., 0m,24.

BELLANGÉ (Hippolyte).

5. — Jeune fille assise sur le parapet d'un pont au retour de la forêt.

H., 0m,49. L., 0m,43.

BERCHÈRE.

6. — Campement arabe dans le désert.

H., 0m,65. L., 0m,38.

BEUCHOT.

7. — La Conversation dans le parc.

H., 0m,45. L., 0m,36.

BEUCHOT.

8\. — La Partie de pêche.

H., 0^m,45. L., 0^m,36

BOUDIN.

9\. — Marine.

H., 0^m,00. L., 0^m,00.

BROWN (John Lewis).

10\. — Le Rendez-Vous de chasse.

H., 0^m,38. L., 0^m,46.

BROWN (John Lewis).

11\. — En Retraite; effet de neige.

H., 0^m,20. L., 0^m,10.

BURGERS.

12. — Jeune Femme jouant avec un chat.

H., 0^m,32. L., 0^m,22.

CABAT.

13. — Ferme en Normandie.

H., 0^m,21. L., 0^m,16.

CHAPLIN (Ch.).

14. — Le Miroir.

H., 0^m,27. L., 0^m,20.

CHAVET.

15. — Le Fumeur.

H., 0^m,12. L., 0^m,10.

DE COCK (César).

16. — Un Chemin couvert.

H., 0m,26. L., 0m,20.

365

COROENNE.

17. — Portrait de seigneur en costume du xviie siècle.

H., 0m,32. L., 0m,23.

36

COROT.

18. — Paysage.

H., 0m,58. L., 0m,90.

COURBET (Gustave).

19. — Marine; effet de soleil couchant.

H., 0m,54. L., 0m,63.

COURBET (Gustave).

20. — Les Bords de Seine à Chatou.

H., 0^m,62. L., 0^m,40.

DARJOU (A.).

21. — Intérieur arabe.

H., 0^m,50. L., 0^m,32.

DIAZ (N.).

22. — Animaux auprès d'une mare.

H., 0^m,24. L., 0^m,32.

DIAZ (N.).

23. — Réunion de personnages.

H., 0^m,24. L., 0^m,33.

DIAZ (N.).

24. — Paysage, environs de Fontainebleau.

H., 0m,22. L., 0m,33.

DEFAUX.

25. — Troupeau de moutons dans un pâturage.

H., 0m,72. L., 0m,47.

DEFAUX.

26. — Vieille porte en Normandie.

H., 0m,66. L., 0m,40.

DUVERGER.

27. — La Lecture de la lettre.

H., 0m,24. L., 0m,17.

170

FLERS.

28. — Le Moulin à eau.

H., 0m,26. L., 0m,21.

FORTUNY.

29. — Deux Perroquets.

H., 0m,12. L., 0m,09.

GRIMSTONE.

(École anglaise.)

30. — Chien rapportant un lapin.

Ovale. — H., 0m,44. L., 0m,54.

GUDIN (Théodore).

31. — Le port de Constantinople.

H., 0m,50. L., 0m,75.

GUILLAUMET.

32. — Campement d'une tribu arabe aux bords d'un fleuve.

H., 0^{m},23. L., 0^{m},18.

L. H.

33. — Chiens en quête.

H., 0^{m},16. L., 0^{m},21.

HEUVEL (Th. de).

34. — L'École de village.

H., 0^{m},62. L., 0^{m},78.

HIER (Van).

35. — Entrée de la ville d'Utrecht.

H., 0^{m},57. L., 0^{m},92.

ISABEY (Eugène).

36. — Femme à l'éventail.

H., 0m,32. L., 0m,22.

JACQUE (Charles).

37. — Moutons.

H., 0m,47. L., 0m,25.

JONGKIND.

38. — Une Rue de Landerneau.

H., 0m,55. L., 0m,40.

JONGKIND.

39. — Le Port de Honfleur.

H., 0m,50. L., 0m,35.

JONGKIND.

40. — Sortie du port de Honfleur.

H., 0m,40. L., 0m,55. 815

LANFANT DE METZ.

41. — L'Eau bénite.

H., 0m,74. L., 0m,57. 700

LANFANT DE METZ.

42. — Ma Parole d'honneur!

H., 0m,34. L., 0m,20. 252

LANFANT DE METZ.

43. — Chasse au faucon.

H., 0m,42. L., 0m,30.

LE BLANT (JULIEN).

44. — Assassinat de Lepelletier Saint-Fargeau par le garde Pâris, le 20 janvier 1793.

Salon 1874.

H., 0m,83. L., 1m,20.

LE BLANT (JULIEN).

45. — Le Fou du roi.

H., 0m,30. L., 0m,40.

LEFEBVRE (JULES).

46. — Italienne en prière devant la Madone.

H., 0m,35. L., 0m,25.

MARILHAT.

47. — Paysage d'Auvergne.

Avec la mention donné par l'auteur à M. Aligny.

H., 0m,30. L., 0m,45.

PALIZZI.

48. — Enfant et Chèvres sous bois.

H., 0^m,24. L., 0^m,33.

PÉCRUS (Constant).

49. — Le Canari.

H., 0^m,31. L., 0^m,22.

PERRET (Aimé).

50. — Fleurs dans un vase.

H., 0^m,50. L., 0^m,64.

PIERRAT.

51. — Corbeille de pensées.

H., 0^m,40. L., 0^m,53.

DE LOS RIOS.

52. — Le Guet-apens.

H., 0m,92. L., 0m,67.

ROUSSEAU (Théodore).

53. — Route dans la forêt.

H., 0m,30. L., 0m,40.

ROUSSEAU (Théodore).

54. — Paysage animé de figures et d'animaux.

H., 0m,37. L., 0m,58.

ROUSSEAU (Philippe).

55. — Oiseaux échassiers sur le bord d'un marais; effet de soleil couchant.

H., 0m,12. L., 0m,47.

ROSSI.

56. — Vue du grand canal et du quai des Esclavons, à Venise.

H., 0m,60. L., 0m,90.

VERNET (Horace).

57. — Brigand italien en vedette.

H., 0m,11. L., 0m,08.

VERNET (Horace).

58. — Chef turc assis, fumant son chibouck.

Pendant du précédent. Ces deux tableaux ont été donnés par l'artiste à M. R... de Nancy.

H., 0m,11. L., 0m,08.

VEYRASSAT.

59. — Chevaux dans une cour de ferme.

H., 0m,17. L., 0m,29.

VINCELET.

60. — Fleurs dans un vase.

H., 1m,00. L., 0m,70.

VINCELET.

61. — Fleurs sur une table.

H., 0m,36. L., 0m,43.

VOILLEMOT.

62. — Tête d'enfant.

H., 0m,26. L., 0m,21.

WATELIN.

63. — Paysage avec moutons.

H., 0m,45. L., 0m,65.

AQUARELLES

AQUARELLES

AMADO.

64. — Intérieur arabe.

ANASTASI.

65. — Paysage.

DE BEAUMONT (Édouard).

66. — Scène de la Vie de Bohême.

BEAUMONT (Édouard de).

67. — Scène enfantine.

BELLANGE (Hippolyte.)

68. — La Rencontre.

CABAT.

69. — Paysage de Normandie.

Aquarelle importante.

CHAIGNEAU.

70. — Forêt de Fontainebleau.

DUMARESQ (Armand).

71. — Type militaire.

DUMARESQ (Armand).

72. — Type militaire.

HEILBUTH.

73. — Laquais romains.

JACQUE (Charles).

74. — Moutons.

LAMY (Eug.)

75. — Un Bal au Palais impérial de Saint-Pétersbourg.

PETENKOFFEN.

76. — Chevaux attelés à une charrue.

ROQUEPLAN (Camille).

77. — Le Retour au château.

ROUSSEAU (Théodore).

78. — Une Ruelle.

ROUSSEAU (Philippe).

79. — Le Pot au feu.

WASHINGTON.

80. — Cavaliers au Sahara.

WORMS.

81. — Scène espagnole.

DESSINS

DESSINS

CHARLET.

82. — Napoléon Ier aux halles.

COIGNET (Léon).

83. — Moine de la Rédemption.

Dessin à la sépia.

DELACROIX (Eugène).

84. — Wawerley.

DELACROIX (Eugène).

85. — Un Ange.

DELAROCHE (Paul).

86. — Mort d'Annibal Carrache.

Dessin au crayon noir rehaussé de blanc. Signé en toutes lettres.

JACQUE (Charles).

87. — Coq, poules, canards.

MONNIER (Henry) (1831).

88. — Caricature.

PILLE (Henri).

89. — La Rencontre.

TROYON.

90. — Vaches, étude.

VERNET (Horace).

91. — Le Conscrit musicien.

Dessin à la mine de plomb.

MARBRES

TERRES CUITES

MARBRES, TERRES CUITES

CARPEAUX.

92. — Suzanne surprise.

Statuette en terre cuite.

CARRIER-BELLEUSE.

93. — Bacchante.

Buste en marbre blanc.

CARRIER-BELLEUSE.

94. — La Rêverie.

Buste en marbre blanc.

CARRIER-BELLEUSE.

95. — La Saison des amours.

Statuette en terre cuite.

CARRIER-BELLEUSE.

96. — Nymphe et Satyre.

Groupe en terre cuite.

CARRIER-BELLEUSE.

97. — Le Lys.

Buste en terre cuite.

PARIS. — J. CLAYE, IMPRIMEUR, 7, RUE SAINT-BENOIT. — [2123]

[illegible] 100
[illegible] 120
[illegible] 800
[illegible]
[illegible]
[illegible]
[illegible]
[illegible]
[illegible]
[illegible]

4140

www.ingramcontent.com/pod-product-compliance
Ingram Content Group UK Ltd.
Pitfield, Milton Keynes, MK11 3LW, UK
UKHW021954260726
13994UKWH00004B/1746